Answers Book

Pour se connecter aux pierres et aux cristaux

Illustrations : © Istock : Meranna ; homodans ;
Tatyana Goncharuk ; Tatiana_Kuzmina.

Design par l'Appartement Parisien.

ISBN : 978-2-38578-095-1

www.editions-tredaniel.com

info@guytredaniel.fr

www.facebook.com/tredanieleso

@tredaniel_eso

Julia Saric

Answers Book

Pour se connecter aux pierres et aux cristaux

GOOD MOOD DEALER
By EXERGUE

27, rue des Grands-Augustins
75006 Paris

Bienvenue
dans ton *Answers Book* *pour se connecter aux pierres et aux cristaux.*

C'est peut-être ton premier *Answers Book* ? Dans tous les cas, s'il se trouve entre tes mains, c'est qu'il a sans doute quelque chose à t'apporter ! Celui-ci a été créé pour te délivrer des messages bienveillants ainsi que pour en apprendre davantage sur les vertus des pierres et des cristaux. Comment l'utiliser ? Eh bien, c'est très simple. De préférence sois dans un endroit au calme. Prends le temps de poser ton intention. Que ce soit celle d'avoir une réponse à ta question ou bien simplement de recevoir le message qui t'est destiné pour aujourd'hui. Ferme les yeux si tu le souhaites, tourne les pages du livre et arrête-toi dès que tu ressens que c'est le bon moment. Tu auras ainsi ta guidance. En revanche, les cristaux ne sont pas magiques. Ils sont là pour t'accompagner et t'apporter du soutien uniquement si, de ton côté, tu acceptes d'effectuer un travail sur toi. La lithothérapie ne remplace pas non plus les professionnels de santé. Ce sont deux points importants à prendre en compte. Sur ce, je te souhaite une très belle utilisation.

Julia

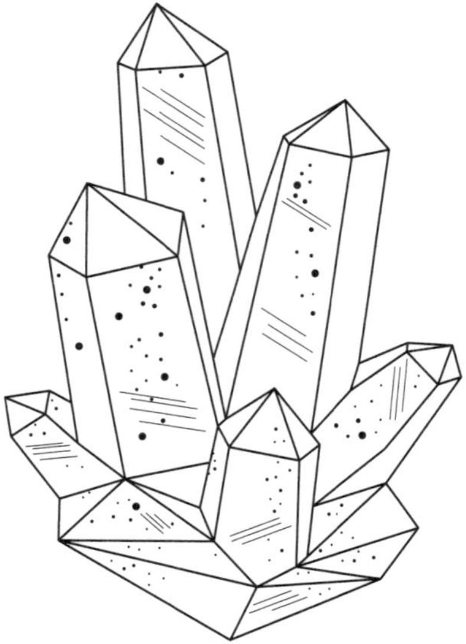

LA MALACHITE T'ENCOURAGE À PRENDRE DES RISQUES. ELLE TE SOUFFLE UN VENT D'AVENTURE ET T'INVITE À OSER TE DIRIGER VERS L'INCONNU. SI TU AS ENVIE DE CHANGEMENT, C'EST MAINTENANT QU'IL FAUT AGIR.

L'AVENTURINE T'ACCOMPAGNE PENDANT LES PÉRIODES D'INDÉCISION. ELLE TE SUGGÈRE D'ÉCOUTER TON CŒUR LORSQUE TU ES CONFRONTÉ À PLUSIEURS CHOIX.

LA PIERRE DE LUNE T'INVITE À TE CONNECTER DAVANTAGE À TA PARTIE FÉMININE. PENSE À ÊTRE DANS LA DOUCEUR, LA TENDRESSE ET LE RÉCONFORT POUR TOI ET LES AUTRES. TU ES EN SÉCURITÉ.

**LE CRISTAL
DE ROCHE
TE CONFIRME QUE
TON INTUITION
ET TES RESSENTIS
SONT BONS.
FAIS-TOI CONFIANCE
ET ÉCOUTE
TON INSTINCT.**

LA CORNALINE T'APPORTE DE NOUVELLES IDÉES. ELLE T'INVITE À DÉVELOPPER DAVANTAGE TA CRÉATIVITÉ AFIN DE CONCRÉTISER UN NOUVEAU PROJET.

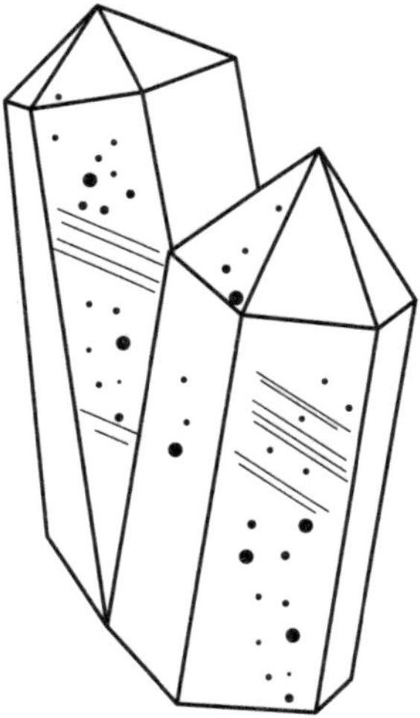

LA PIERRE DE SOLEIL T'INVITE À VOIR LES CHOSES DE FAÇON PLUS OPTIMISTE. ELLE T'ANNONCE UN ÉVÉNEMENT QUI T'APPORTE POSITIVITÉ ET JOIE DE VIVRE.

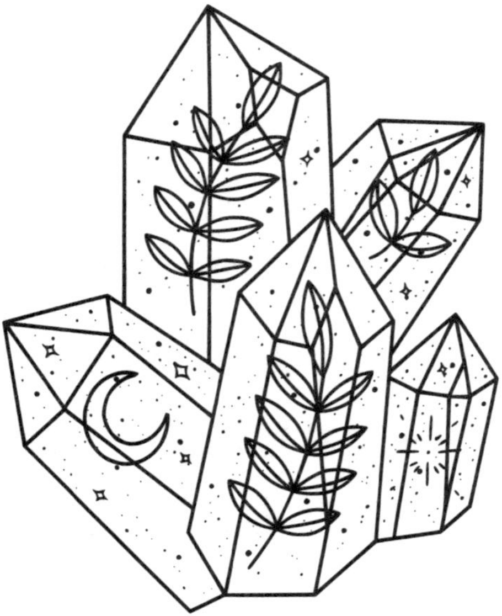

L'ŒIL-DE-FAUCON T'AIDE À LIBÉRER TON ESPRIT ET À Y VOIR PLUS CLAIR DANS CERTAINES SITUATIONS.
IL TE PERMET DE DÉVELOPPER TON INTUITION ET TES CAPACITÉS DE CLAIRVOYANCE.

LA RHODONITE T'ACCOMPAGNE PENDANT TON PROCESSUS DE GUÉRISON LIÉ AUX BLESSURES DE TON PASSÉ. IL EST TEMPS DE (RE)PRENDRE CONFIANCE EN TOI.

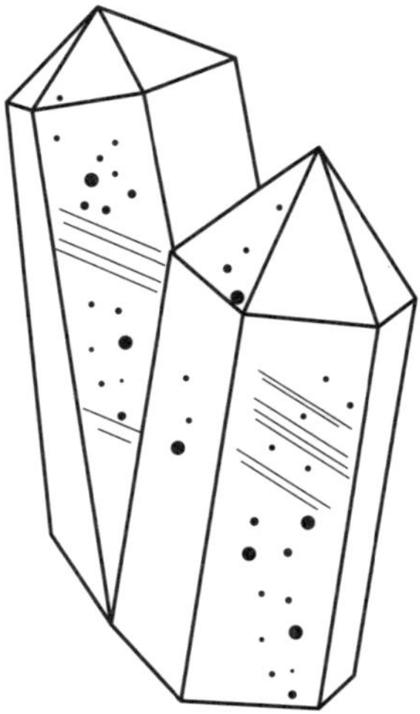

L'AGATE MOUSSE TE CONFIRME QU'UN CONTACT AVEC LA NATURE TE FERAIT BEAUCOUP DE BIEN. AUTORISE-TOI UN MOMENT DE CALME EN FORÊT. TON CORPS ET TON ESPRIT LE RÉCLAMENT.

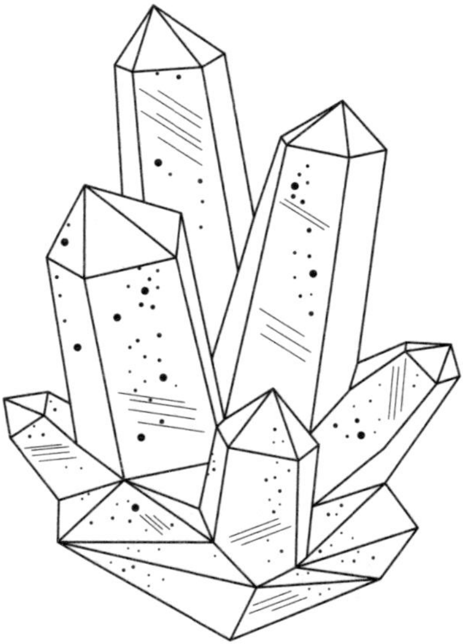

LE GRENAT T'INVITE À FAIRE PREUVE DE FORCE ET DE COURAGE POUR TENIR BON FACE AUX ÉVÉNEMENTS. IL T'APPORTE TOUT SON SOUTIEN POUR QUE TU PUISSES PERSÉVÉRER ET ATTEINDRE TES OBJECTIFS.

LA PYRITE TE POUSSE À SORTIR DE TA COQUILLE, À AGIR ET À T'IMPOSER. OSE METTRE EN AVANT TOUT TON POTENTIEL, TES CAPACITÉS ET TES LIMITES. TU GAGNERAS EN ASSURANCE AFIN D'AVANCER SUR LE BON CHEMIN.

**LA HOWLITE
T'AIDE À APAISER
TES ÉMOTIONS.
EN CAS DE STRESS
OU D'INSOMNIE,
ELLE T'APPORTE
TOUT SON SOUTIEN.
ELLE T'ENSEIGNE
LE CALME
ET LA PATIENCE.**

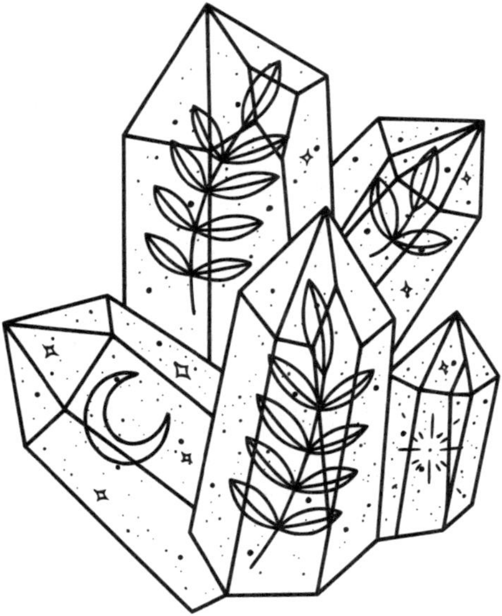

LA CHAROÏTE T'AIDE À APAISER TES PEURS, CAR CELLES-CI NE SONT PAS FONDÉES. ELLE TE PERMET DE MIEUX GÉRER TES ÉMOTIONS AFIN DE NE PAS TE LAISSER SUBMERGER.

LA FLUORITE T'INVITE À CLARIFIER TES PENSÉES. IL FAUT QUE TU SOIS DANS UNE ÉNERGIE D'ORGANISATION SI TU SOUHAITES METTRE EN PLACE UN NOUVEAU PROJET ET LIBÉRER DE NOUVELLES IDÉES.

L'AMÉTHYSTE T'ACCOMPAGNE FACE AUX SENTIMENTS DE COLÈRE ET DE TRISTESSE. TU DOIS DÈS À PRÉSENT FAIRE LE DEUIL D'UNE RELATION OU D'UNE SITUATION EN LIEN AVEC TON PASSÉ. UNE PÉRIODE PLUS SEREINE SE PRÉPARE.

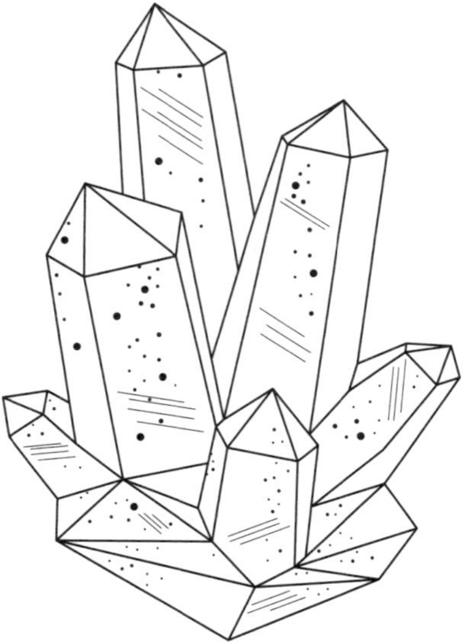

LA CALCÉDOINE BLEUE T'AIDE À EXPRIMER PLUS FACILEMENT TES SENTIMENTS, TES IDÉES ET TES ENVIES. DES MOMENTS DE COMMUNICATION ARRIVENT.

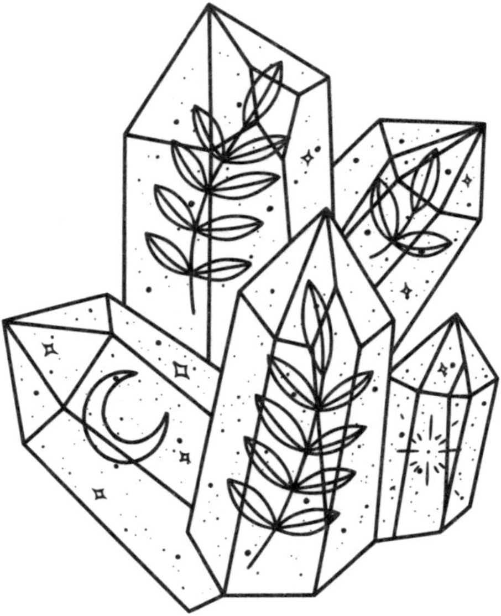

L'ŒIL-DE-TIGRE T'INDIQUE QUE TA SITUATION EST SOUS CONTRÔLE, IL N'Y A RIEN À CRAINDRE.

CONSIDÉRÉE COMME UN TALISMAN, LA PIERRE DES FÉES T'APPORTE CHANCE, PROTECTION ET PROSPÉRITÉ. INSUFFLE-LUI TES RÊVES ET ILS SE RÉALISERONT.

LA SÉLÉNITE T'INVITE À ÊTRE À L'ÉCOUTE DE TON INTUITION ET À FAIRE CONFIANCE AUX SIGNES QUE L'UNIVERS T'ENVOIE. TA SPIRITUALITÉ VA PRENDRE DAVANTAGE D'IMPORTANCE DANS TA VIE.

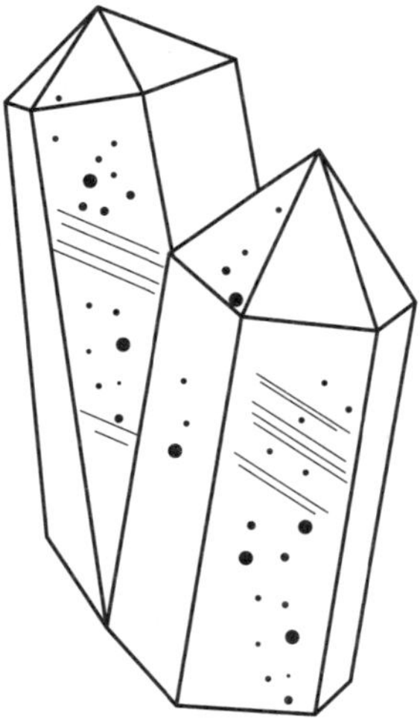

L'UNAKITE T'INVITE À FAIRE PREUVE DE PATIENCE ET DE DÉTERMINATION DANS UNE SITUATION QUI TE PRÉOCCUPE. GARDE FORCE ET COURAGE.

L'HÉMATITE T'INVITE À T'ÉCOUTER DAVANTAGE ET À FAIRE LE TRI DANS TES PENSÉES AFIN DE SAVOIR QUELLES SONT TES VÉRITABLES ASPIRATIONS PERSONNELLES.

LE QUARTZ ROSE T'INVITE À TRAVAILLER SUR TA CONFIANCE ET TON ESTIME DE TOI EN ÉTANT DANS UNE ÉNERGIE D'AMOUR INCONDITIONNEL.

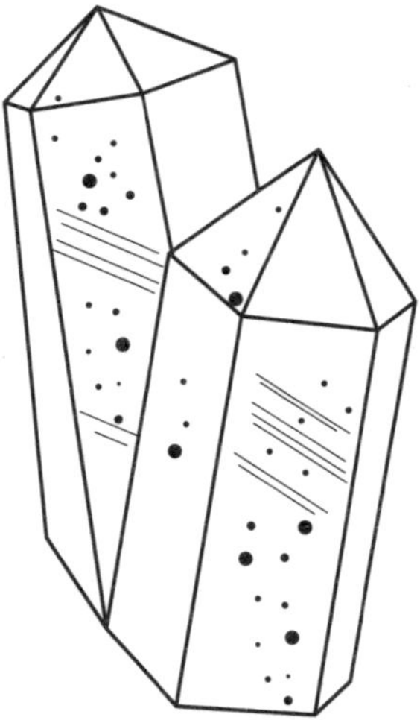

LA PRÉHNITE T'INCITE À CALMER TON MENTAL EN TE CONNECTANT À L'INSTANT PRÉSENT.

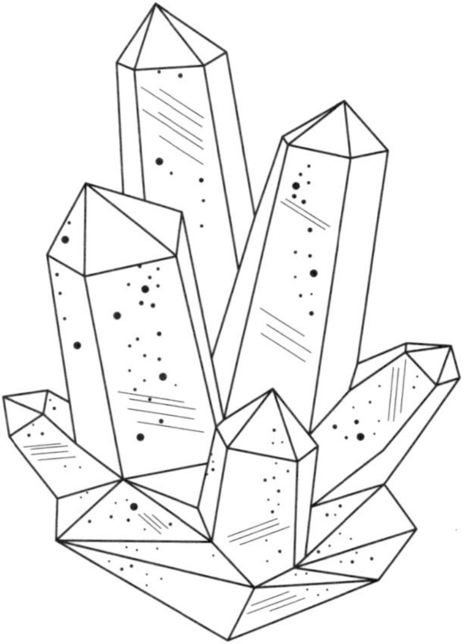

LE JASPE KAMBABA T'AIDE À TE RECENTRER SUR TOI. IL T'INVITE À T'ACCEPTER PLEINEMENT ET À PERCEVOIR TA LUMIÈRE INTÉRIEURE.

LE JASPE ROUGE T'AIDE À LANCER OU À CONCRÉTISER UN PROJET IMPORTANT POUR TOI. IL T'APPORTE LA CONFIANCE ET LA MOTIVATION NÉCESSAIRES AFIN DE VOIR TES DÉSIRS SE MATÉRIALISER.

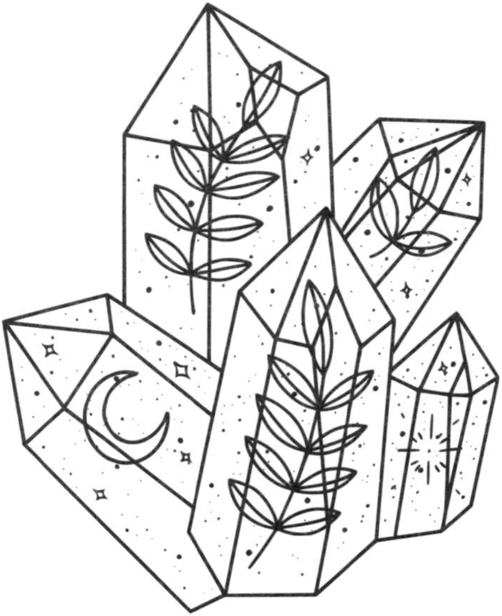

LE LARIMAR T'INVITE À CALMER TOUTE AGITATION INTÉRIEURE AFIN DE RETROUVER UN ÉTAT D'ESPRIT PLUS POSÉ. IL T'ANNONCE UNE PÉRIODE DE PAIX ET DE SÉRÉNITÉ.

LE LAPIS-LAZULI T'AIDE À EXPRIMER TES SENTIMENTS ET TES ÉMOTIONS. OSE FAIRE ENTENDRE TA VOIX, N'AIE PAS PEUR DE DIRE CE QUE TU RESSENS.

LE BOIS FOSSILISÉ T'INVITE À APAISER TON ESPRIT ET À INSTAURER LE CALME ET LE LÂCHER-PRISE DANS TON QUOTIDIEN. AIE CONFIANCE DANS LE RYTHME DE LA VIE SANS TE METTRE TROP DE PRESSION.

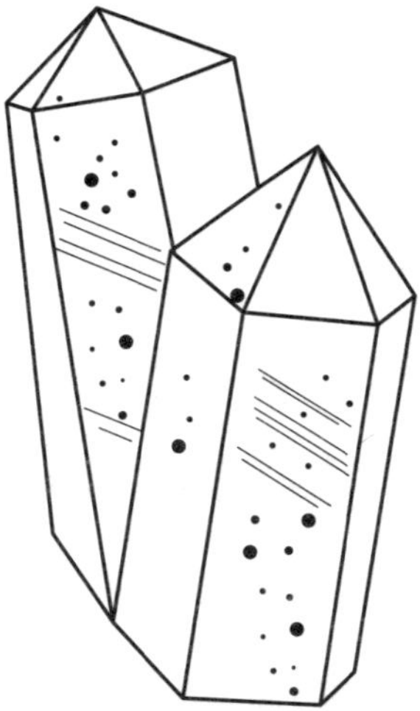

LA CHIASTOLITE TE DEMANDE DE RESTER FOCALISÉ SUR UNE CHOSE À LA FOIS. GARDE TA MOTIVATION SANS TROP TE DISPERSER.

LA SODALITE T'INVITE À TRAVAILLER SUR L'ESTIME DE SOI. RESTE FIDÈLE À TOI-MÊME ET À TES CONVICTIONS. RESPECTE-TOI ET ACCEPTE-TOI COMME TU ES.

LA LABRADORITE T'INVITE À SORTIR DE TA ZONE DE CONFORT. ELLE T'APPORTE LA SÉCURITÉ DONT TU AS BESOIN ET TE PROTÈGE CONTRE TOUTE ÉNERGIE NÉGATIVE ET L'ADVERSITÉ.

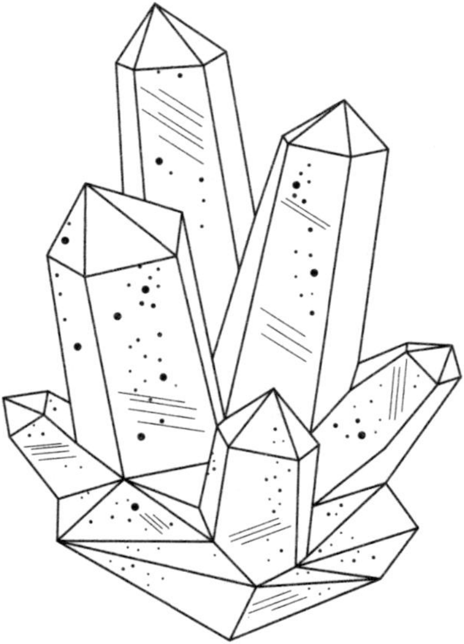

LA CITRINE T'AIDE À RESTER OPTIMISTE EN TOUTE SITUATION. ELLE T'INVITE À GARDER ESPOIR, À RENFORCER TA VOLONTÉ ET TA DÉTERMINATION. TU PEUX OSER ALLER VERS DE NOUVELLES EXPÉRIENCES.

L'ARAGONITE ANNONCE UNE PÉRIODE DE GRANDS CHANGEMENTS. ELLE T'APPORTE TOUT SON SOUTIEN LORSQUE TU TE SENS DÉBORDÉ ET BOULEVERSÉ PAR LES ÉVÉNEMENTS.

LA PIERRE DE LUNE T'INVITE À TE CONNECTER DAVANTAGE À TA PARTIE FÉMININE. PENSE À ÊTRE DANS LA DOUCEUR, LA TENDRESSE ET LE RÉCONFORT POUR TOI ET LES AUTRES. TU ES EN SÉCURITÉ.

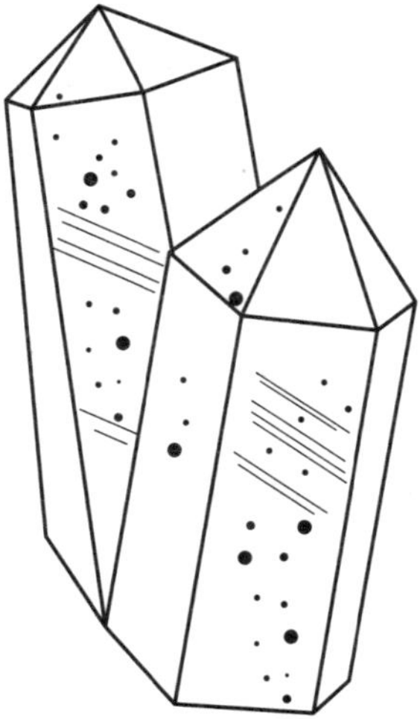

LA PIERRE DE SOLEIL T'INVITE À VOIR LES CHOSES DE FAÇON PLUS OPTIMISTE. ELLE T'ANNONCE UN ÉVÉNEMENT QUI T'APPORTE POSITIVITÉ ET JOIE DE VIVRE.

LE CRISTAL
DE ROCHE
TE CONFIRME QUE
TON INTUITION
ET TES RESSENTIS
SONT BONS.
FAIS-TOI CONFIANCE
ET ÉCOUTE
TON INSTINCT.

LA PYRITE TE POUSSE À SORTIR DE TA COQUILLE, À AGIR ET À T'IMPOSER. OSE METTRE EN AVANT TOUT TON POTENTIEL, TES CAPACITÉS ET TES LIMITES. TU GAGNERAS EN ASSURANCE AFIN D'AVANCER SUR LE BON CHEMIN.

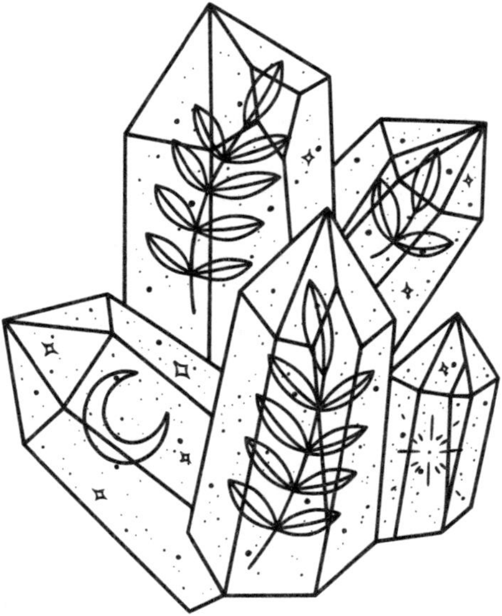

L'ŒIL-DE-FAUCON T'AIDE À LIBÉRER TON ESPRIT ET À Y VOIR PLUS CLAIR DANS CERTAINES SITUATIONS.
IL TE PERMET DE DÉVELOPPER TON INTUITION ET TES CAPACITÉS DE CLAIRVOYANCE.

CONSIDÉRÉE COMME UN TALISMAN, LA PIERRE DES FÉES T'APPORTE CHANCE, PROTECTION ET PROSPÉRITÉ. INSUFFLE-LUI TES RÊVES ET ILS SE RÉALISERONT.

LA SÉLÉNITE T'INVITE À ÊTRE À L'ÉCOUTE DE TON INTUITION ET À FAIRE CONFIANCE AUX SIGNES QUE L'UNIVERS T'ENVOIE. TA SPIRITUALITÉ VA PRENDRE DAVANTAGE D'IMPORTANCE DANS TA VIE.

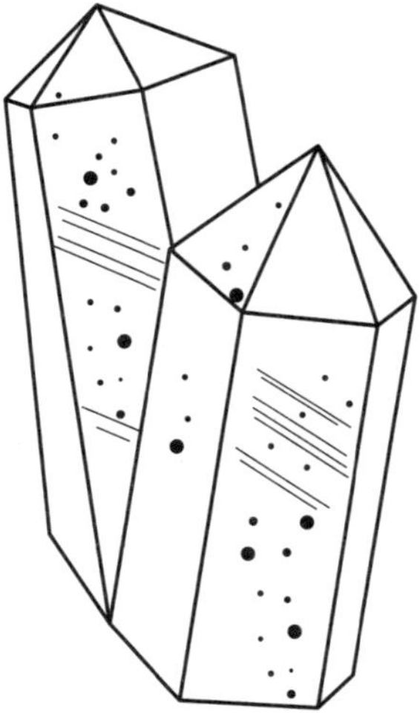

L'AGATE MOUSSE TE CONFIRME QU'UN CONTACT AVEC LA NATURE TE FERAIT BEAUCOUP DE BIEN. AUTORISE-TOI UN MOMENT DE CALME EN FORÊT. TON CORPS ET TON ESPRIT LE RÉCLAMENT.

L'AMÉTHYSTE T'ACCOMPAGNE FACE AUX SENTIMENTS DE COLÈRE ET DE TRISTESSE. TU DOIS DÈS À PRÉSENT FAIRE LE DEUIL D'UNE RELATION OU D'UNE SITUATION EN LIEN AVEC TON PASSÉ. UNE PÉRIODE PLUS SEREINE SE PRÉPARE.

LA CORNALINE T'APPORTE DE NOUVELLES IDÉES. ELLE T'INVITE À DÉVELOPPER DAVANTAGE TA CRÉATIVITÉ AFIN DE CONCRÉTISER UN NOUVEAU PROJET.

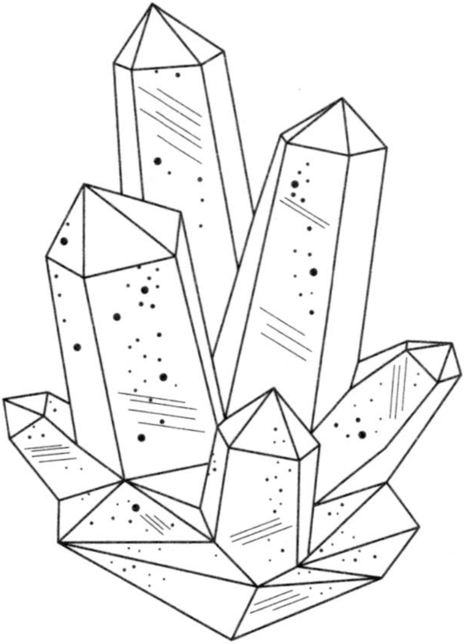

LA MALACHITE
T'ENCOURAGE
À PRENDRE DES
RISQUES. ELLE TE
SOUFFLE UN VENT
D'AVENTURE ET
T'INVITE À OSER
TE DIRIGER VERS
L'INCONNU.
SI TU AS ENVIE
DE CHANGEMENT,
C'EST MAINTENANT
QU'IL FAUT AGIR.

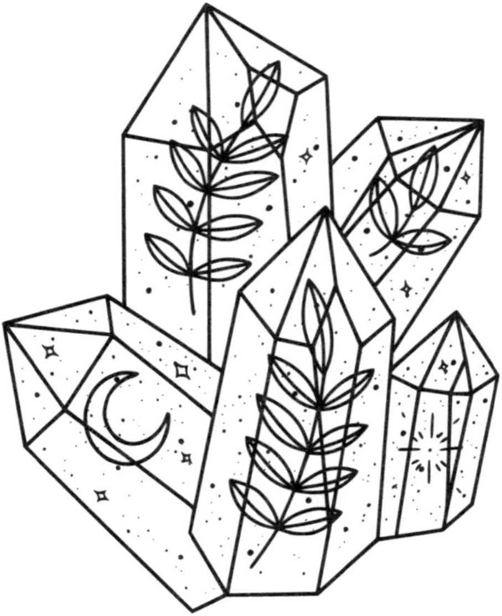

LA CHAROÏTE T'AIDE À APAISER TES PEURS, CAR CELLES-CI NE SONT PAS FONDÉES. ELLE TE PERMET DE MIEUX GÉRER TES ÉMOTIONS AFIN DE NE PAS TE LAISSER SUBMERGER.

L'AVENTURINE T'ACCOMPAGNE PENDANT LES PÉRIODES D'INDÉCISION. ELLE TE SUGGÈRE D'ÉCOUTER TON CŒUR LORSQUE TU ES CONFRONTÉ À PLUSIEURS CHOIX.

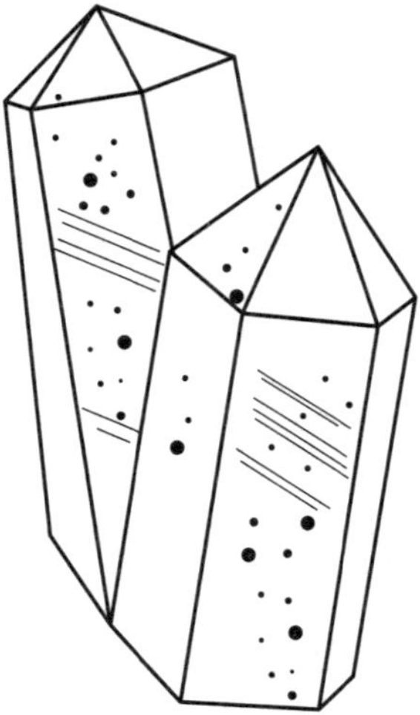

L'UNAKITE T'INVITE À FAIRE PREUVE DE PATIENCE ET DE DÉTERMINATION DANS UNE SITUATION QUI TE PRÉOCCUPE. GARDE FORCE ET COURAGE.

L'HÉMATITE T'INVITE À T'ÉCOUTER DAVANTAGE ET À FAIRE LE TRI DANS TES PENSÉES AFIN DE SAVOIR QUELLES SONT TES VÉRITABLES ASPIRATIONS PERSONNELLES.

LE LAPIS-LAZULI T'AIDE À EXPRIMER TES SENTIMENTS ET TES ÉMOTIONS. OSE FAIRE ENTENDRE TA VOIX, N'AIE PAS PEUR DE DIRE CE QUE TU RESSENS.

LA RHODONITE T'ACCOMPAGNE PENDANT TON PROCESSUS DE GUÉRISON LIÉ AUX BLESSURES DE TON PASSÉ. IL EST TEMPS DE (RE)PRENDRE CONFIANCE EN TOI.

LA FLUORITE
T'INVITE À CLARIFIER
TES PENSÉES.
IL FAUT QUE TU SOIS
DANS UNE ÉNERGIE
D'ORGANISATION
SI TU SOUHAITES
METTRE EN PLACE
UN NOUVEAU
PROJET ET LIBÉRER
DE NOUVELLES
IDÉES.

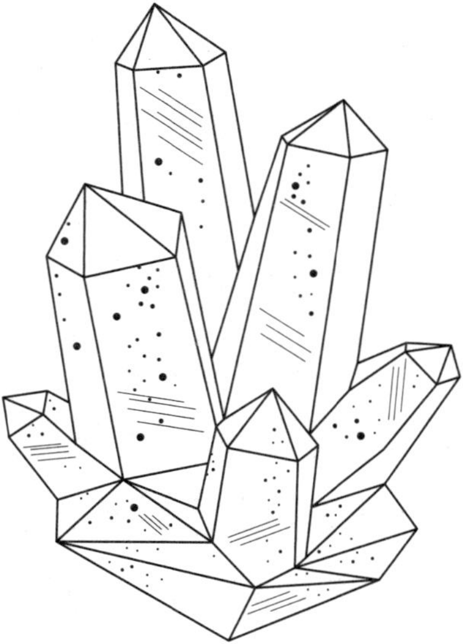

LE GRENAT T'INVITE À FAIRE PREUVE DE FORCE ET DE COURAGE POUR TENIR BON FACE AUX ÉVÉNEMENTS. IL T'APPORTE TOUT SON SOUTIEN POUR QUE TU PUISSES PERSÉVÉRER ET ATTEINDRE TES OBJECTIFS.

LE JASPE ROUGE T'AIDE À LANCER OU À CONCRÉTISER UN PROJET IMPORTANT POUR TOI. IL T'APPORTE LA CONFIANCE ET LA MOTIVATION NÉCESSAIRES AFIN DE VOIR TES DÉSIRS SE MATÉRIALISER.

LA SODALITE T'INVITE À TRAVAILLER SUR L'ESTIME DE SOI. RESTE FIDÈLE À TOI-MÊME ET À TES CONVICTIONS. RESPECTE-TOI ET ACCEPTE-TOI COMME TU ES.

LE LARIMAR T'INVITE À CALMER TOUTE AGITATION INTÉRIEURE AFIN DE RETROUVER UN ÉTAT D'ESPRIT PLUS POSÉ. IL T'ANNONCE UNE PÉRIODE DE PAIX ET DE SÉRÉNITÉ.

LE QUARTZ ROSE T'INVITE À TRAVAILLER SUR TA CONFIANCE ET TON ESTIME DE TOI EN ÉTANT DANS UNE ÉNERGIE D'AMOUR INCONDITIONNEL.

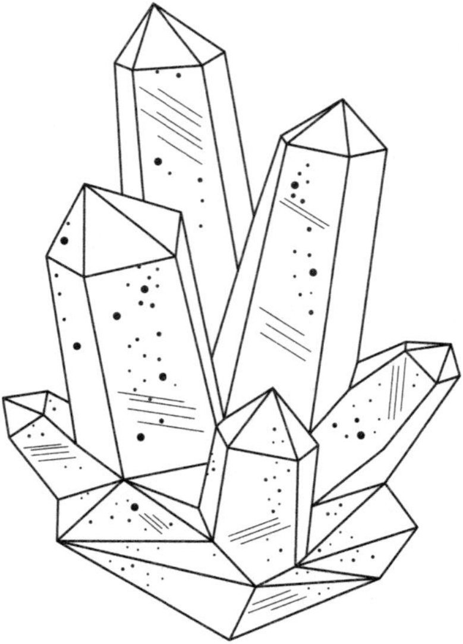

LA CALCÉDOINE BLEUE T'AIDE À EXPRIMER PLUS FACILEMENT TES SENTIMENTS, TES IDÉES ET TES ENVIES. DES MOMENTS DE COMMUNICATION ARRIVENT.

LA HOWLITE
T'AIDE À APAISER
TES ÉMOTIONS.
EN CAS DE STRESS
OU D'INSOMNIE,
ELLE T'APPORTE
TOUT SON SOUTIEN.
ELLE T'ENSEIGNE
LE CALME
ET LA PATIENCE.

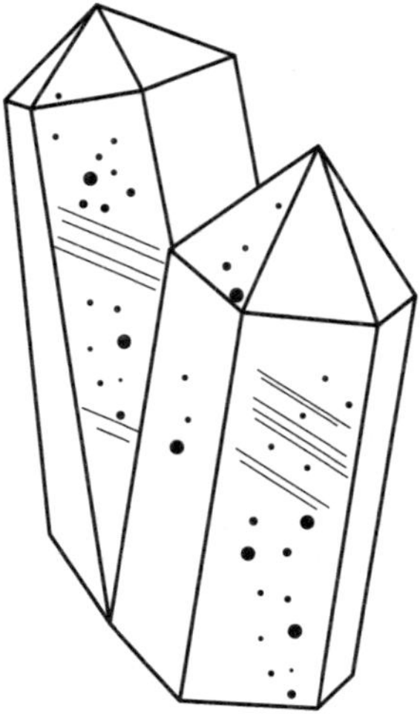

LA PRÉHNITE T'INCITE À CALMER TON MENTAL EN TE CONNECTANT À L'INSTANT PRÉSENT.

LA PYRITE TE POUSSE À SORTIR DE TA COQUILLE, À AGIR ET À T'IMPOSER. OSE METTRE EN AVANT TOUT TON POTENTIEL, TES CAPACITÉS ET TES LIMITES. TU GAGNERAS EN ASSURANCE AFIN D'AVANCER SUR LE BON CHEMIN.

**LE CRISTAL
DE ROCHE
TE CONFIRME QUE
TON INTUITION
ET TES RESSENTIS
SONT BONS.
FAIS-TOI CONFIANCE
ET ÉCOUTE
TON INSTINCT.**

CONSIDÉRÉE COMME UN TALISMAN, LA PIERRE DES FÉES T'APPORTE CHANCE, PROTECTION ET PROSPÉRITÉ. INSUFFLE-LUI TES RÊVES ET ILS SE RÉALISERONT.

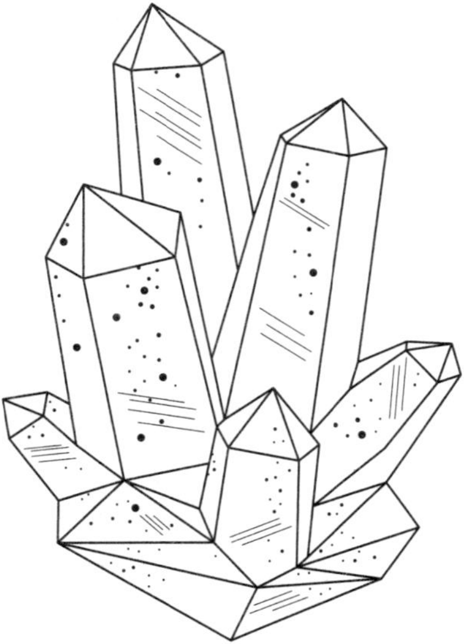

LA MALACHITE
T'ENCOURAGE
À PRENDRE DES
RISQUES. ELLE TE
SOUFFLE UN VENT
D'AVENTURE ET
T'INVITE À OSER
TE DIRIGER VERS
L'INCONNU.
SI TU AS ENVIE
DE CHANGEMENT,
C'EST MAINTENANT
QU'IL FAUT AGIR.

LA SÉLÉNITE T'INVITE À ÊTRE À L'ÉCOUTE DE TON INTUITION ET À FAIRE CONFIANCE AUX SIGNES QUE L'UNIVERS T'ENVOIE. TA SPIRITUALITÉ VA PRENDRE DAVANTAGE D'IMPORTANCE DANS TA VIE.

L'ŒIL-DE-FAUCON T'AIDE À LIBÉRER TON ESPRIT ET À Y VOIR PLUS CLAIR DANS CERTAINES SITUATIONS. IL TE PERMET DE DÉVELOPPER TON INTUITION ET TES CAPACITÉS DE CLAIRVOYANCE.

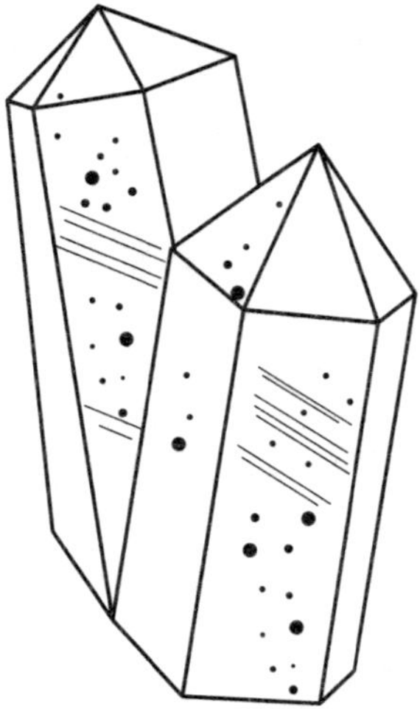

LA PIERRE DE SOLEIL T'INVITE À VOIR LES CHOSES DE FAÇON PLUS OPTIMISTE. ELLE T'ANNONCE UN ÉVÉNEMENT QUI T'APPORTE POSITIVITÉ ET JOIE DE VIVRE.

LA LABRADORITE T'INVITE À SORTIR DE TA ZONE DE CONFORT. ELLE T'APPORTE LA SÉCURITÉ DONT TU AS BESOIN ET TE PROTÈGE CONTRE TOUTE ÉNERGIE NÉGATIVE ET L'ADVERSITÉ.

LE LAPIS-LAZULI T'AIDE À EXPRIMER TES SENTIMENTS ET TES ÉMOTIONS. OSE FAIRE ENTENDRE TA VOIX, N'AIE PAS PEUR DE DIRE CE QUE TU RESSENS.

LA PIERRE DE LUNE T'INVITE À TE CONNECTER DAVANTAGE À TA PARTIE FÉMININE. PENSE À ÊTRE DANS LA DOUCEUR, LA TENDRESSE ET LE RÉCONFORT POUR TOI ET LES AUTRES. TU ES EN SÉCURITÉ.

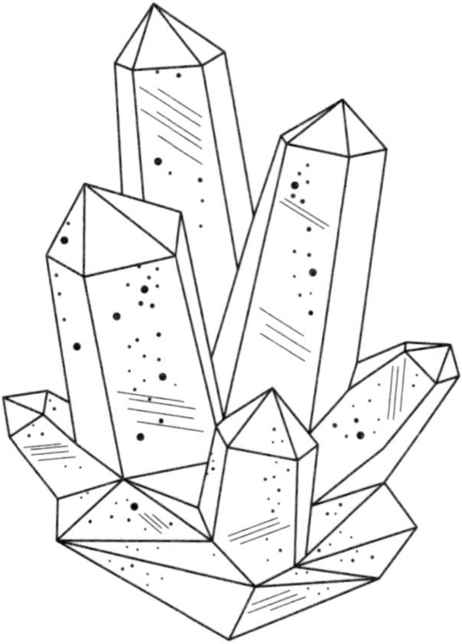

LA CITRINE T'AIDE À RESTER OPTIMISTE EN TOUTE SITUATION. ELLE T'INVITE À GARDER ESPOIR, À RENFORCER TA VOLONTÉ ET TA DÉTERMINATION. TU PEUX OSER ALLER VERS DE NOUVELLES EXPÉRIENCES.

L'AVENTURINE
T'ACCOMPAGNE
PENDANT
LES PÉRIODES
D'INDÉCISION.
ELLE TE SUGGÈRE
D'ÉCOUTER TON
CŒUR LORSQUE
TU ES CONFRONTÉ
À PLUSIEURS CHOIX.

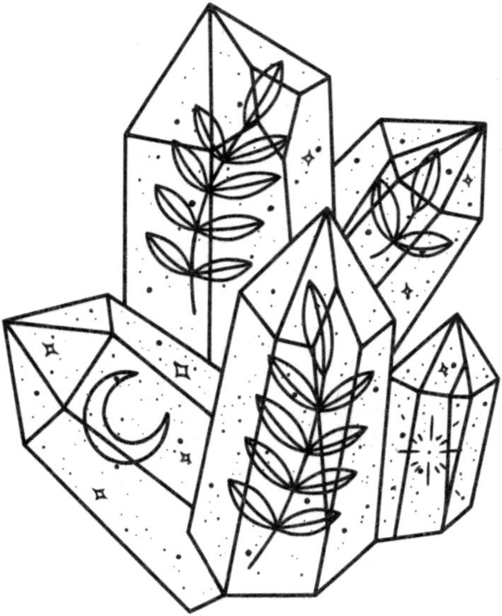

LA CHAROÏTE T'AIDE À APAISER TES PEURS, CAR CELLES-CI NE SONT PAS FONDÉES. ELLE TE PERMET DE MIEUX GÉRER TES ÉMOTIONS AFIN DE NE PAS TE LAISSER SUBMERGER.

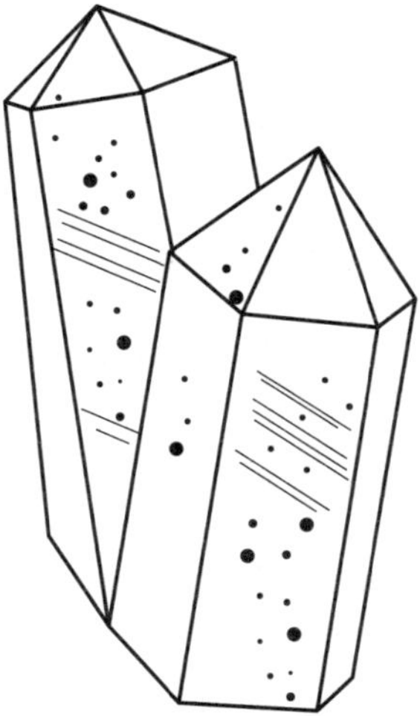

LA PRÉHNITE T'INCITE À CALMER TON MENTAL EN TE CONNECTANT À L'INSTANT PRÉSENT.

LA CORNALINE T'APPORTE DE NOUVELLES IDÉES. ELLE T'INVITE À DÉVELOPPER DAVANTAGE TA CRÉATIVITÉ AFIN DE CONCRÉTISER UN NOUVEAU PROJET.

L'AMÉTHYSTE T'ACCOMPAGNE FACE AUX SENTIMENTS DE COLÈRE ET DE TRISTESSE. TU DOIS DÈS À PRÉSENT FAIRE LE DEUIL D'UNE RELATION OU D'UNE SITUATION EN LIEN AVEC TON PASSÉ. UNE PÉRIODE PLUS SEREINE SE PRÉPARE.

LA RHODONITE
T'ACCOMPAGNE
PENDANT TON
PROCESSUS
DE GUÉRISON LIÉ
AUX BLESSURES
DE TON PASSÉ.
IL EST TEMPS
DE (RE)PRENDRE
CONFIANCE EN TOI.

LA FLUORITE
T'INVITE À CLARIFIER
TES PENSÉES.
IL FAUT QUE TU SOIS
DANS UNE ÉNERGIE
D'ORGANISATION
SI TU SOUHAITES
METTRE EN PLACE
UN NOUVEAU
PROJET ET LIBÉRER
DE NOUVELLES
IDÉES.

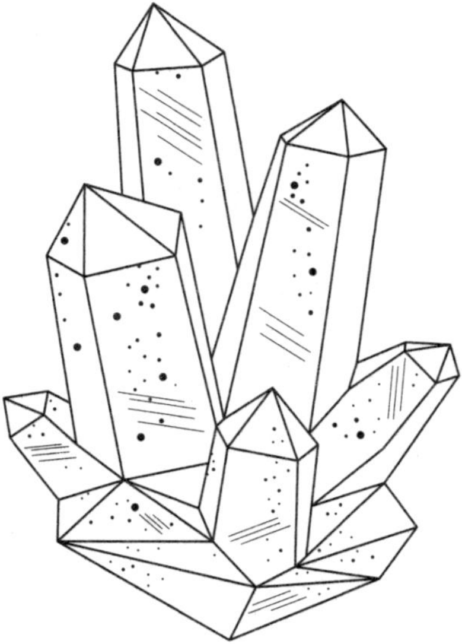

LE GRENAT T'INVITE À FAIRE PREUVE DE FORCE ET DE COURAGE POUR TENIR BON FACE AUX ÉVÉNEMENTS. IL T'APPORTE TOUT SON SOUTIEN POUR QUE TU PUISSES PERSÉVÉRER ET ATTEINDRE TES OBJECTIFS.

L'HÉMATITE T'INVITE À T'ÉCOUTER DAVANTAGE ET À FAIRE LE TRI DANS TES PENSÉES AFIN DE SAVOIR QUELLES SONT TES VÉRITABLES ASPIRATIONS PERSONNELLES.

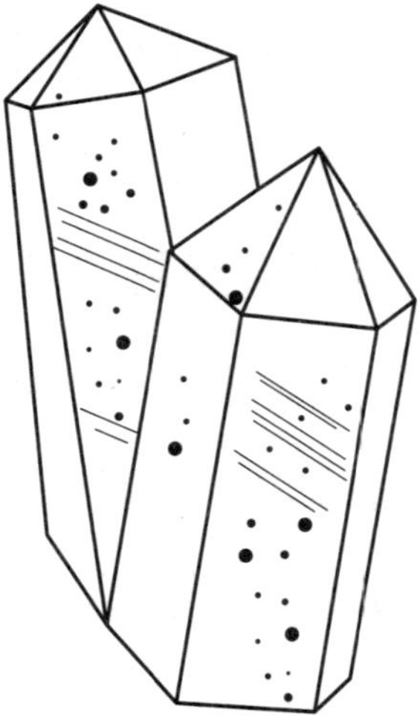

L'AGATE MOUSSE
TE CONFIRME QU'UN
CONTACT AVEC LA
NATURE TE FERAIT
BEAUCOUP DE BIEN.
AUTORISE-TOI
UN MOMENT DE
CALME EN FORÊT.
TON CORPS
ET TON ESPRIT
LE RÉCLAMENT.

L'ŒIL-DE-TIGRE T'INDIQUE QUE TA SITUATION EST SOUS CONTRÔLE, IL N'Y A RIEN À CRAINDRE.

CONSIDÉRÉE COMME UN TALISMAN, LA PIERRE DES FÉES T'APPORTE CHANCE, PROTECTION ET PROSPÉRITÉ. INSUFFLE-LUI TES RÊVES ET ILS SE RÉALISERONT.

LA SÉLÉNITE T'INVITE À ÊTRE À L'ÉCOUTE DE TON INTUITION ET À FAIRE CONFIANCE AUX SIGNES QUE L'UNIVERS T'ENVOIE. TA SPIRITUALITÉ VA PRENDRE DAVANTAGE D'IMPORTANCE DANS TA VIE.

LA SODALITE T'INVITE À TRAVAILLER SUR L'ESTIME DE SOI. RESTE FIDÈLE À TOI-MÊME ET À TES CONVICTIONS. RESPECTE-TOI ET ACCEPTE-TOI COMME TU ES.

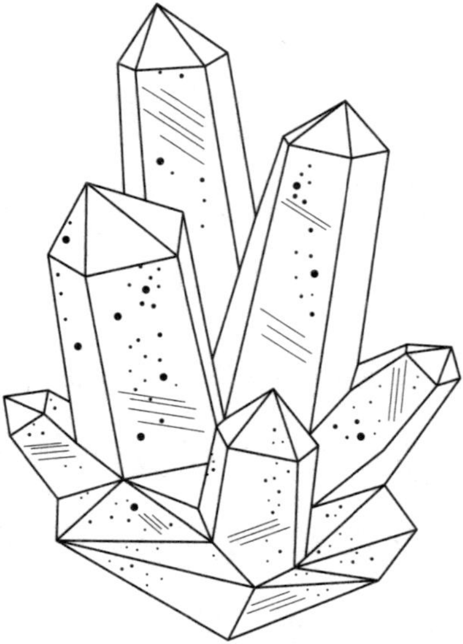

LA CALCÉDOINE BLEUE T'AIDE À EXPRIMER PLUS FACILEMENT TES SENTIMENTS, TES IDÉES ET TES ENVIES. DES MOMENTS DE COMMUNICATION ARRIVENT.

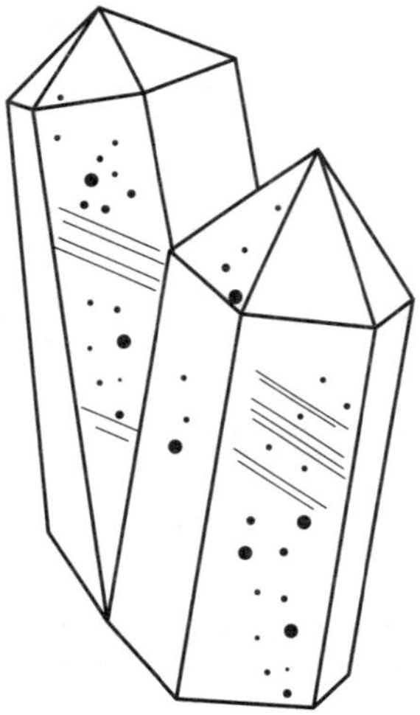

LA CHIASTOLITE TE DEMANDE DE RESTER FOCALISÉ SUR UNE CHOSE À LA FOIS. GARDE TA MOTIVATION SANS TROP TE DISPERSER.

LA LABRADORITE T'INVITE À SORTIR DE TA ZONE DE CONFORT. ELLE T'APPORTE LA SÉCURITÉ DONT TU AS BESOIN ET TE PROTÈGE CONTRE TOUTE ÉNERGIE NÉGATIVE ET L'ADVERSITÉ.

LA HOWLITE T'AIDE À APAISER TES ÉMOTIONS. EN CAS DE STRESS OU D'INSOMNIE, ELLE T'APPORTE TOUT SON SOUTIEN. ELLE T'ENSEIGNE LE CALME ET LA PATIENCE.

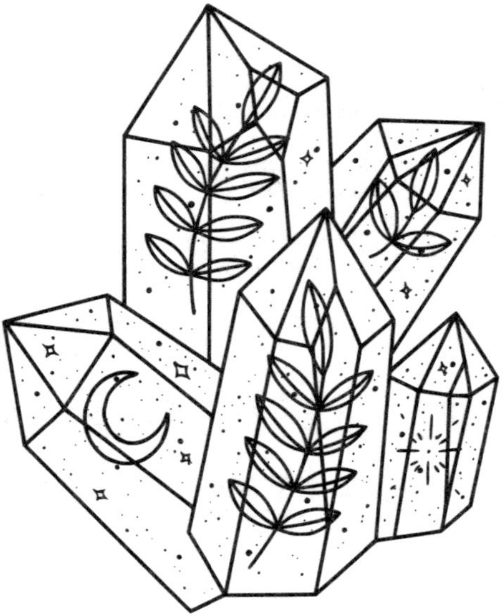

LE BOIS FOSSILISÉ T'INVITE À APAISER TON ESPRIT ET À INSTAURER LE CALME ET LE LÂCHER-PRISE DANS TON QUOTIDIEN. AIE CONFIANCE DANS LE RYTHME DE LA VIE SANS TE METTRE TROP DE PRESSION.

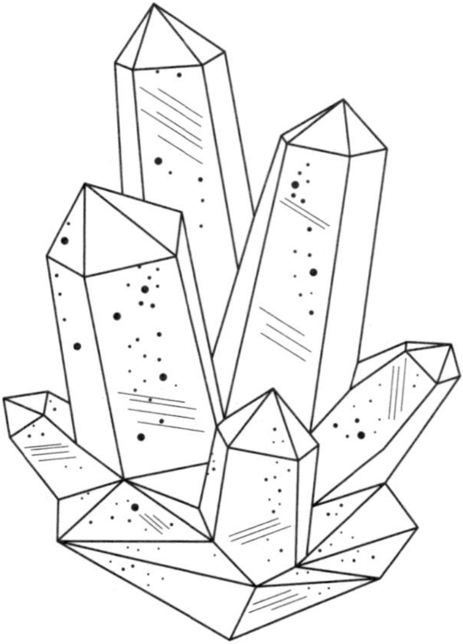

LE JASPE KAMBABA T'AIDE À TE RECENTRER SUR TOI. IL T'INVITE À T'ACCEPTER PLEINEMENT ET À PERCEVOIR TA LUMIÈRE INTÉRIEURE.

L'ARAGONITE ANNONCE UNE PÉRIODE DE GRANDS CHANGEMENTS. ELLE T'APPORTE TOUT SON SOUTIEN LORSQUE TU TE SENS DÉBORDÉ ET BOULEVERSÉ PAR LES ÉVÉNEMENTS.

LE LAPIS-LAZULI T'AIDE À EXPRIMER TES SENTIMENTS ET TES ÉMOTIONS. OSE FAIRE ENTENDRE TA VOIX, N'AIE PAS PEUR DE DIRE CE QUE TU RESSENS.

LA PYRITE TE POUSSE À SORTIR DE TA COQUILLE, À AGIR ET À T'IMPOSER. OSE METTRE EN AVANT TOUT TON POTENTIEL, TES CAPACITÉS ET TES LIMITES. TU GAGNERAS EN ASSURANCE AFIN D'AVANCER SUR LE BON CHEMIN.

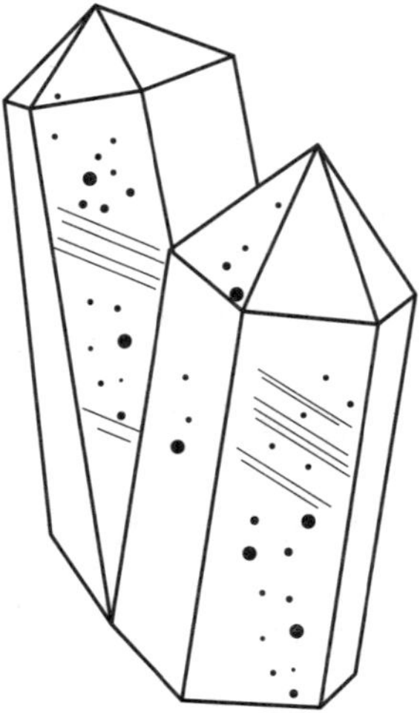

LA PIERRE DE SOLEIL T'INVITE À VOIR LES CHOSES DE FAÇON PLUS OPTIMISTE. ELLE T'ANNONCE UN ÉVÉNEMENT QUI T'APPORTE POSITIVITÉ ET JOIE DE VIVRE.

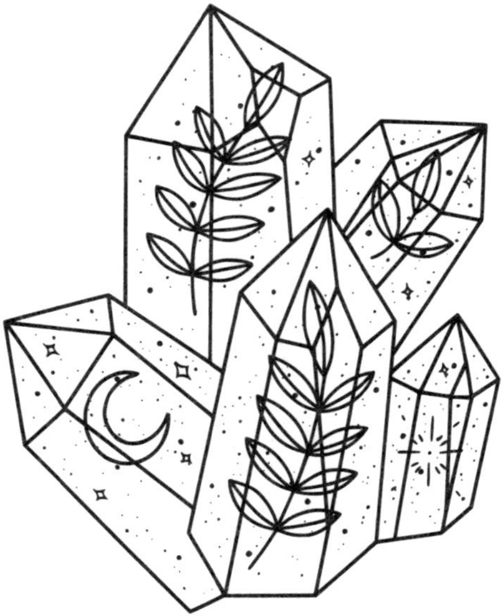

L'ŒIL-DE-FAUCON T'AIDE À LIBÉRER TON ESPRIT ET À Y VOIR PLUS CLAIR DANS CERTAINES SITUATIONS. IL TE PERMET DE DÉVELOPPER TON INTUITION ET TES CAPACITÉS DE CLAIRVOYANCE.

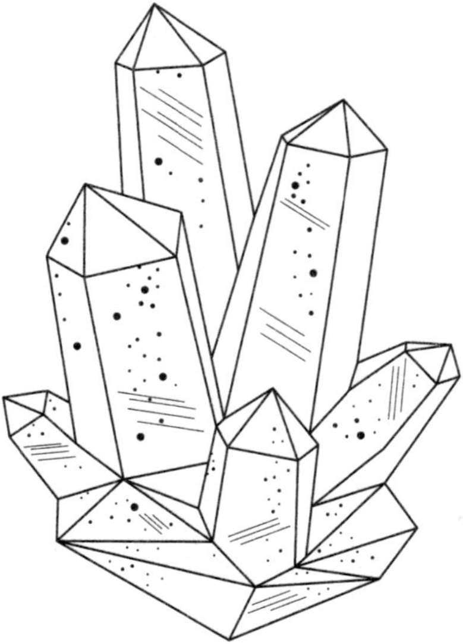

LA CITRINE T'AIDE À RESTER OPTIMISTE EN TOUTE SITUATION. ELLE T'INVITE À GARDER ESPOIR, À RENFORCER TA VOLONTÉ ET TA DÉTERMINATION. TU PEUX OSER ALLER VERS DE NOUVELLES EXPÉRIENCES.

LE QUARTZ ROSE T'INVITE À TRAVAILLER SUR TA CONFIANCE ET TON ESTIME DE TOI EN ÉTANT DANS UNE ÉNERGIE D'AMOUR INCONDITIONNEL.

LA RHODONITE T'ACCOMPAGNE PENDANT TON PROCESSUS DE GUÉRISON LIÉ AUX BLESSURES DE TON PASSÉ. IL EST TEMPS DE (RE)PRENDRE CONFIANCE EN TOI.

L'AMÉTHYSTE T'ACCOMPAGNE FACE AUX SENTIMENTS DE COLÈRE ET DE TRISTESSE. TU DOIS DÈS À PRÉSENT FAIRE LE DEUIL D'UNE RELATION OU D'UNE SITUATION EN LIEN AVEC TON PASSÉ. UNE PÉRIODE PLUS SEREINE SE PRÉPARE.

LA CORNALINE T'APPORTE DE NOUVELLES IDÉES. ELLE T'INVITE À DÉVELOPPER DAVANTAGE TA CRÉATIVITÉ AFIN DE CONCRÉTISER UN NOUVEAU PROJET.

LA CHAROÏTE
T'AIDE À APAISER
TES PEURS, CAR
CELLES-CI NE SONT
PAS FONDÉES.
ELLE TE PERMET
DE MIEUX GÉRER
TES ÉMOTIONS
AFIN DE NE
PAS TE LAISSER
SUBMERGER.

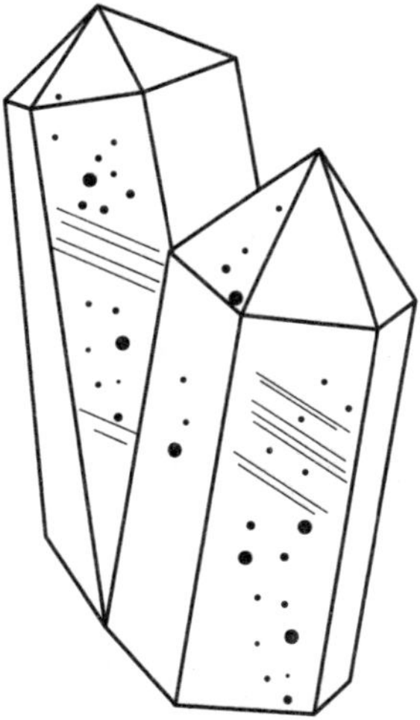

L'AGATE MOUSSE TE CONFIRME QU'UN CONTACT AVEC LA NATURE TE FERAIT BEAUCOUP DE BIEN. AUTORISE-TOI UN MOMENT DE CALME EN FORÊT. TON CORPS ET TON ESPRIT LE RÉCLAMENT.

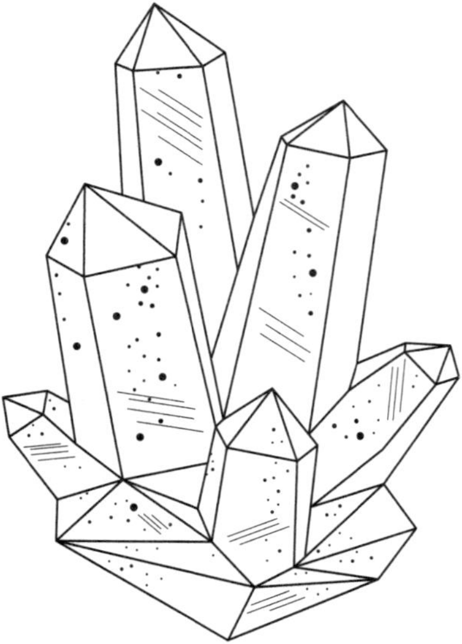

LE GRENAT T'INVITE À FAIRE PREUVE DE FORCE ET DE COURAGE POUR TENIR BON FACE AUX ÉVÉNEMENTS. IL T'APPORTE TOUT SON SOUTIEN POUR QUE TU PUISSES PERSÉVÉRER ET ATTEINDRE TES OBJECTIFS.

LA PIERRE DE LUNE T'INVITE À TE CONNECTER DAVANTAGE À TA PARTIE FÉMININE. PENSE À ÊTRE DANS LA DOUCEUR, LA TENDRESSE ET LE RÉCONFORT POUR TOI ET LES AUTRES. TU ES EN SÉCURITÉ.

LA FLUORITE T'INVITE À CLARIFIER TES PENSÉES. IL FAUT QUE TU SOIS DANS UNE ÉNERGIE D'ORGANISATION SI TU SOUHAITES METTRE EN PLACE UN NOUVEAU PROJET ET LIBÉRER DE NOUVELLES IDÉES.

L'HÉMATITE
T'INVITE
À T'ÉCOUTER
DAVANTAGE
ET À FAIRE LE TRI
DANS TES PENSÉES
AFIN DE SAVOIR
QUELLES SONT
TES VÉRITABLES
ASPIRATIONS
PERSONNELLES.

**LE CRISTAL
DE ROCHE
TE CONFIRME QUE
TON INTUITION
ET TES RESSENTIS
SONT BONS.
FAIS-TOI CONFIANCE
ET ÉCOUTE
TON INSTINCT.**

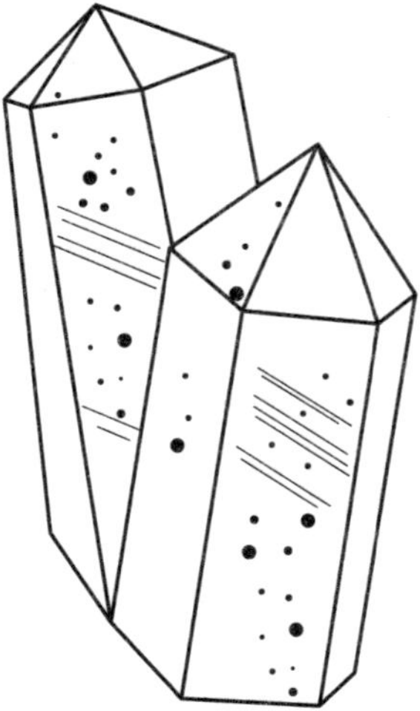

LA PRÉHNITE T'INCITE À CALMER TON MENTAL EN TE CONNECTANT À L'INSTANT PRÉSENT.

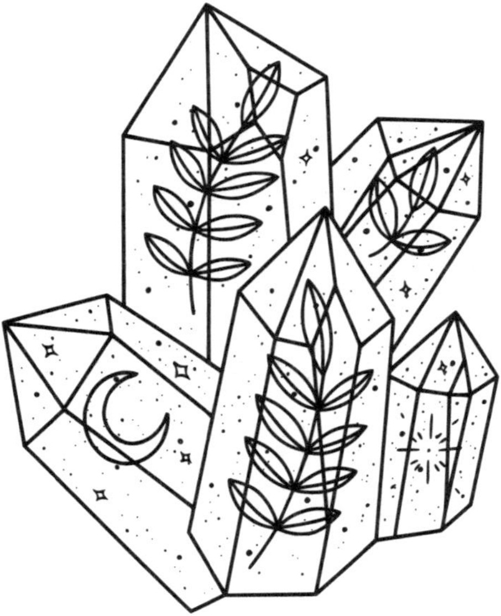

LE LARIMAR
T'INVITE À CALMER
TOUTE AGITATION
INTÉRIEURE AFIN
DE RETROUVER
UN ÉTAT D'ESPRIT
PLUS POSÉ.
IL T'ANNONCE UNE
PÉRIODE DE PAIX
ET DE SÉRÉNITÉ.

CONSIDÉRÉE COMME UN TALISMAN, LA PIERRE DES FÉES T'APPORTE CHANCE, PROTECTION ET PROSPÉRITÉ. INSUFFLE-LUI TES RÊVES ET ILS SE RÉALISERONT.

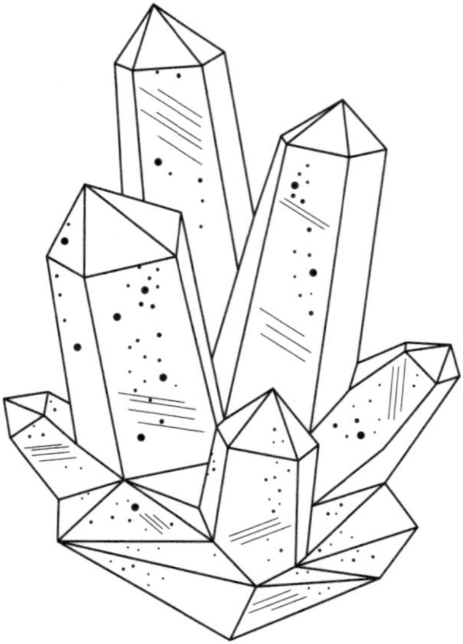

LA CALCÉDOINE BLEUE T'AIDE À EXPRIMER PLUS FACILEMENT TES SENTIMENTS, TES IDÉES ET TES ENVIES. DES MOMENTS DE COMMUNICATION ARRIVENT.

LA SÉLÉNITE T'INVITE À ÊTRE À L'ÉCOUTE DE TON INTUITION ET À FAIRE CONFIANCE AUX SIGNES QUE L'UNIVERS T'ENVOIE. TA SPIRITUALITÉ VA PRENDRE DAVANTAGE D'IMPORTANCE DANS TA VIE.

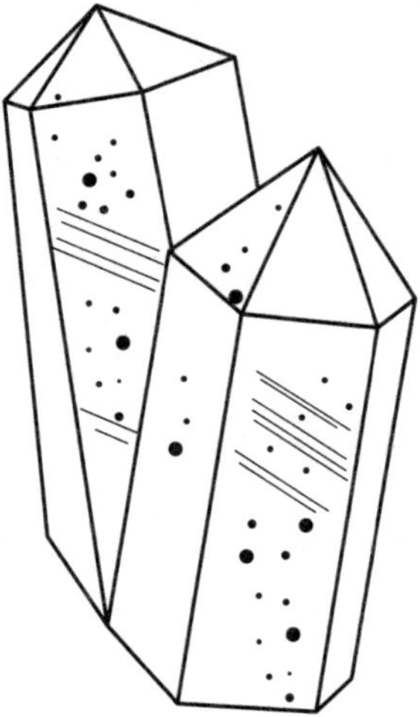

LA CHIASTOLITE TE DEMANDE DE RESTER FOCALISÉ SUR UNE CHOSE À LA FOIS. GARDE TA MOTIVATION SANS TROP TE DISPERSER.

LA CORNALINE T'APPORTE DE NOUVELLES IDÉES. ELLE T'INVITE À DÉVELOPPER DAVANTAGE TA CRÉATIVITÉ AFIN DE CONCRÉTISER UN NOUVEAU PROJET.

LA SODALITE T'INVITE À TRAVAILLER SUR L'ESTIME DE SOI. RESTE FIDÈLE À TOI-MÊME ET À TES CONVICTIONS. RESPECTE-TOI ET ACCEPTE-TOI COMME TU ES.

**LA HOWLITE
T'AIDE À APAISER
TES ÉMOTIONS.
EN CAS DE STRESS
OU D'INSOMNIE,
ELLE T'APPORTE
TOUT SON SOUTIEN.
ELLE T'ENSEIGNE
LE CALME
ET LA PATIENCE.**

LE BOIS FOSSILISÉ T'INVITE À APAISER TON ESPRIT ET À INSTAURER LE CALME ET LE LÂCHER-PRISE DANS TON QUOTIDIEN. AIE CONFIANCE DANS LE RYTHME DE LA VIE SANS TE METTRE TROP DE PRESSION.

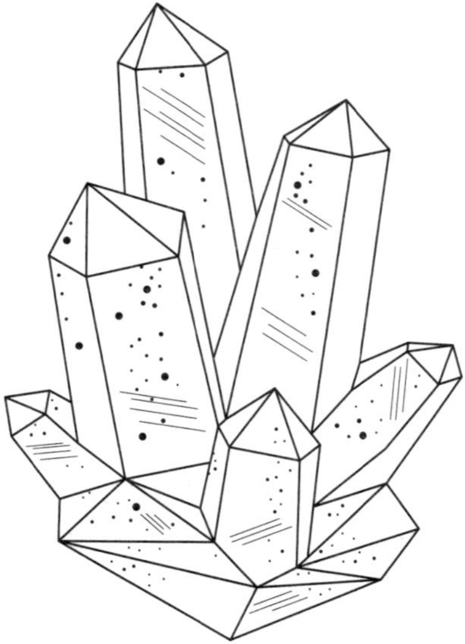

LE JASPE KAMBABA T'AIDE À TE RECENTRER SUR TOI. IL T'INVITE À T'ACCEPTER PLEINEMENT ET À PERCEVOIR TA LUMIÈRE INTÉRIEURE.

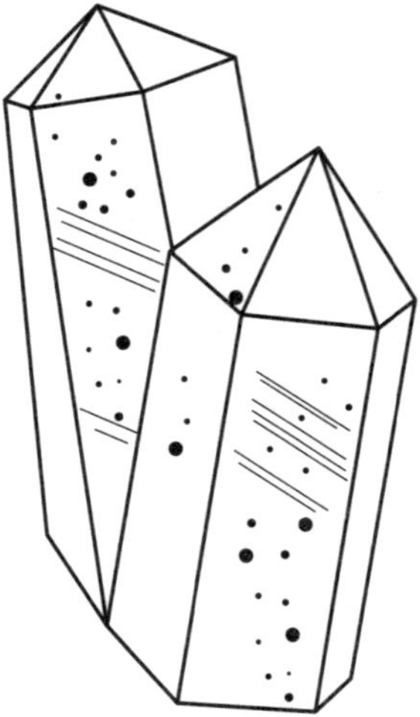

L'UNAKITE T'INVITE À FAIRE PREUVE DE PATIENCE ET DE DÉTERMINATION DANS UNE SITUATION QUI TE PRÉOCCUPE. GARDE FORCE ET COURAGE.

LA RHODONITE T'ACCOMPAGNE PENDANT TON PROCESSUS DE GUÉRISON LIÉ AUX BLESSURES DE TON PASSÉ. IL EST TEMPS DE (RE)PRENDRE CONFIANCE EN TOI.

LE JASPE ROUGE T'AIDE À LANCER OU À CONCRÉTISER UN PROJET IMPORTANT POUR TOI. IL T'APPORTE LA CONFIANCE ET LA MOTIVATION NÉCESSAIRES AFIN DE VOIR TES DÉSIRS SE MATÉRIALISER.

L'AMÉTHYSTE T'ACCOMPAGNE FACE AUX SENTIMENTS DE COLÈRE ET DE TRISTESSE. TU DOIS DÈS À PRÉSENT FAIRE LE DEUIL D'UNE RELATION OU D'UNE SITUATION EN LIEN AVEC TON PASSÉ. UNE PÉRIODE PLUS SEREINE SE PRÉPARE.

L'AVENTURINE T'ACCOMPAGNE PENDANT LES PÉRIODES D'INDÉCISION. ELLE TE SUGGÈRE D'ÉCOUTER TON CŒUR LORSQUE TU ES CONFRONTÉ À PLUSIEURS CHOIX.

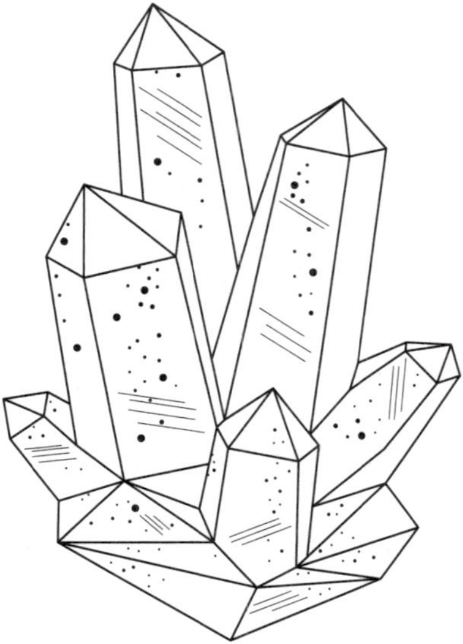

LA CITRINE T'AIDE À RESTER OPTIMISTE EN TOUTE SITUATION. ELLE T'INVITE À GARDER ESPOIR, À RENFORCER TA VOLONTÉ ET TA DÉTERMINATION. TU PEUX OSER ALLER VERS DE NOUVELLES EXPÉRIENCES.

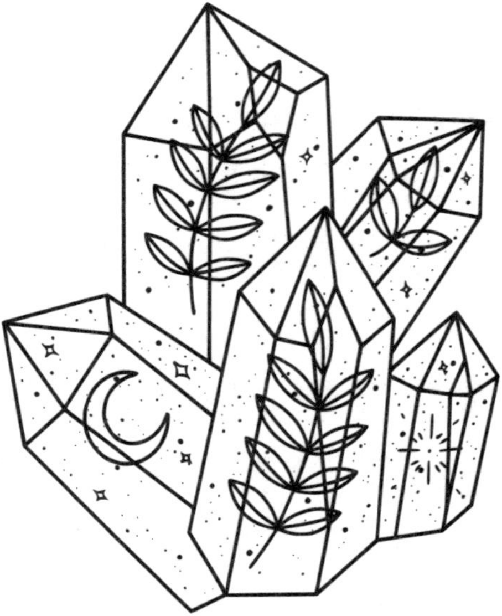

LA CHAROÏTE T'AIDE À APAISER TES PEURS, CAR CELLES-CI NE SONT PAS FONDÉES. ELLE TE PERMET DE MIEUX GÉRER TES ÉMOTIONS AFIN DE NE PAS TE LAISSER SUBMERGER.

LE LAPIS-LAZULI T'AIDE À EXPRIMER TES SENTIMENTS ET TES ÉMOTIONS. OSE FAIRE ENTENDRE TA VOIX, N'AIE PAS PEUR DE DIRE CE QUE TU RESSENS.

LA PIERRE DE LUNE T'INVITE À TE CONNECTER DAVANTAGE À TA PARTIE FÉMININE. PENSE À ÊTRE DANS LA DOUCEUR, LA TENDRESSE ET LE RÉCONFORT POUR TOI ET LES AUTRES. TU ES EN SÉCURITÉ.

LA PYRITE TE POUSSE À SORTIR DE TA COQUILLE, À AGIR ET À T'IMPOSER. OSE METTRE EN AVANT TOUT TON POTENTIEL, TES CAPACITÉS ET TES LIMITES. TU GAGNERAS EN ASSURANCE AFIN D'AVANCER SUR LE BON CHEMIN.

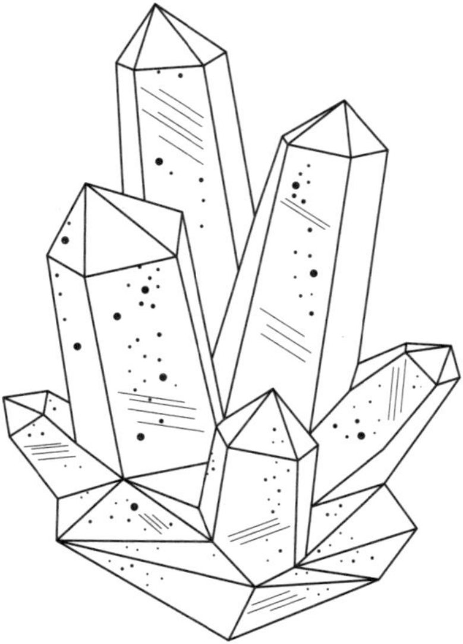

LE GRENAT T'INVITE À FAIRE PREUVE DE FORCE ET DE COURAGE POUR TENIR BON FACE AUX ÉVÉNEMENTS. IL T'APPORTE TOUT SON SOUTIEN POUR QUE TU PUISSES PERSÉVÉRER ET ATTEINDRE TES OBJECTIFS.

LE QUARTZ ROSE T'INVITE À TRAVAILLER SUR TA CONFIANCE ET TON ESTIME DE TOI EN ÉTANT DANS UNE ÉNERGIE D'AMOUR INCONDITIONNEL.

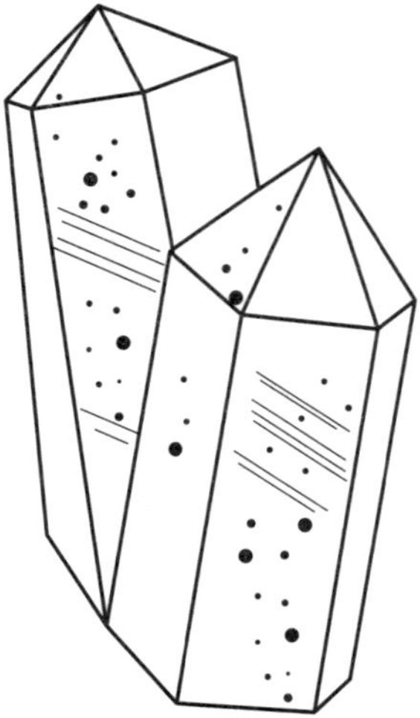

L'AGATE MOUSSE TE CONFIRME QU'UN CONTACT AVEC LA NATURE TE FERAIT BEAUCOUP DE BIEN. AUTORISE-TOI UN MOMENT DE CALME EN FORÊT. TON CORPS ET TON ESPRIT LE RÉCLAMENT.

**LE LARIMAR
T'INVITE À CALMER
TOUTE AGITATION
INTÉRIEURE AFIN
DE RETROUVER
UN ÉTAT D'ESPRIT
PLUS POSÉ.
IL T'ANNONCE UNE
PÉRIODE DE PAIX
ET DE SÉRÉNITÉ.**

LA RHODONITE T'ACCOMPAGNE PENDANT TON PROCESSUS DE GUÉRISON LIÉ AUX BLESSURES DE TON PASSÉ. IL EST TEMPS DE (RE)PRENDRE CONFIANCE EN TOI.

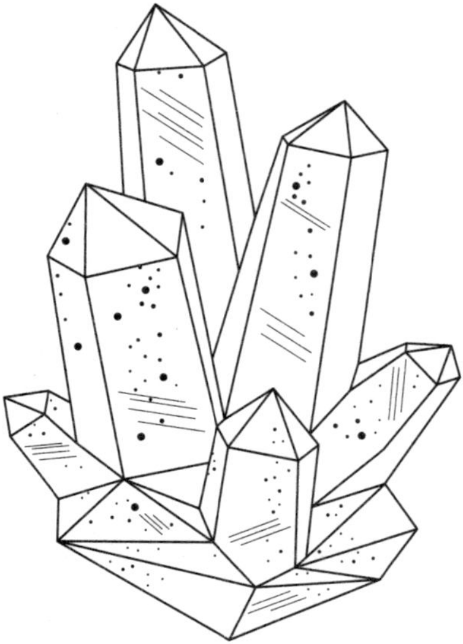

LA CALCÉDOINE BLEUE T'AIDE À EXPRIMER PLUS FACILEMENT TES SENTIMENTS, TES IDÉES ET TES ENVIES. DES MOMENTS DE COMMUNICATION ARRIVENT.

LA FLUORITE T'INVITE À CLARIFIER TES PENSÉES. IL FAUT QUE TU SOIS DANS UNE ÉNERGIE D'ORGANISATION SI TU SOUHAITES METTRE EN PLACE UN NOUVEAU PROJET ET LIBÉRER DE NOUVELLES IDÉES.

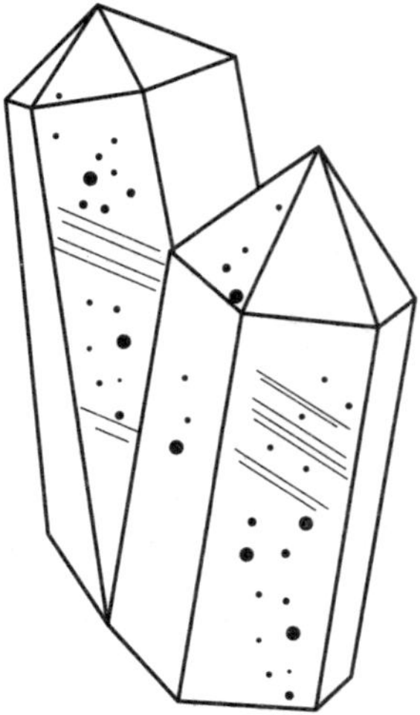

LA CHIASTOLITE TE DEMANDE DE RESTER FOCALISÉ SUR UNE CHOSE À LA FOIS. GARDE TA MOTIVATION SANS TROP TE DISPERSER.

LA LABRADORITE T'INVITE À SORTIR DE TA ZONE DE CONFORT. ELLE T'APPORTE LA SÉCURITÉ DONT TU AS BESOIN ET TE PROTÈGE CONTRE TOUTE ÉNERGIE NÉGATIVE ET L'ADVERSITÉ.

**LA SODALITE
T'INVITE À
TRAVAILLER SUR
L'ESTIME DE SOI.
RESTE FIDÈLE
À TOI-MÊME ET
À TES CONVICTIONS.
RESPECTE-TOI
ET ACCEPTE-TOI
COMME TU ES.**

CONSIDÉRÉE COMME UN TALISMAN, LA PIERRE DES FÉES T'APPORTE CHANCE, PROTECTION ET PROSPÉRITÉ. INSUFFLE-LUI TES RÊVES ET ILS SE RÉALISERONT.

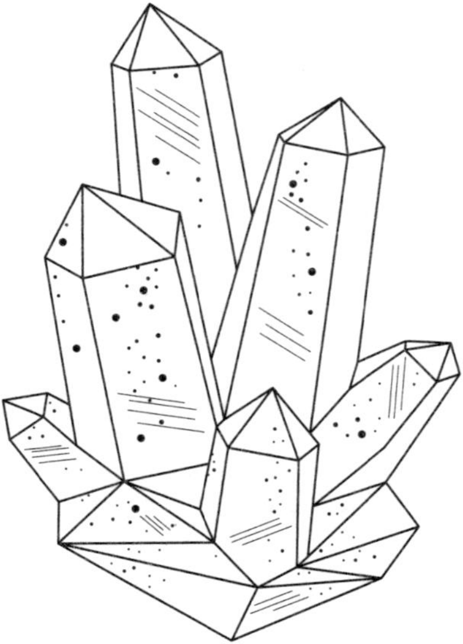

LA CITRINE T'AIDE À RESTER OPTIMISTE EN TOUTE SITUATION. ELLE T'INVITE À GARDER ESPOIR, À RENFORCER TA VOLONTÉ ET TA DÉTERMINATION. TU PEUX OSER ALLER VERS DE NOUVELLES EXPÉRIENCES.

L'ŒIL-DE-TIGRE T'INDIQUE QUE TA SITUATION EST SOUS CONTRÔLE, IL N'Y A RIEN À CRAINDRE.

L'AVENTURINE T'ACCOMPAGNE PENDANT LES PÉRIODES D'INDÉCISION. ELLE TE SUGGÈRE D'ÉCOUTER TON CŒUR LORSQUE TU ES CONFRONTÉ À PLUSIEURS CHOIX.

LA PYRITE TE POUSSE À SORTIR DE TA COQUILLE, À AGIR ET À T'IMPOSER. OSE METTRE EN AVANT TOUT TON POTENTIEL, TES CAPACITÉS ET TES LIMITES. TU GAGNERAS EN ASSURANCE AFIN D'AVANCER SUR LE BON CHEMIN.

**LE CRISTAL
DE ROCHE
TE CONFIRME QUE
TON INTUITION
ET TES RESSENTIS
SONT BONS.
FAIS-TOI CONFIANCE
ET ÉCOUTE
TON INSTINCT.**

LA RHODONITE T'ACCOMPAGNE PENDANT TON PROCESSUS DE GUÉRISON LIÉ AUX BLESSURES DE TON PASSÉ. IL EST TEMPS DE (RE)PRENDRE CONFIANCE EN TOI.

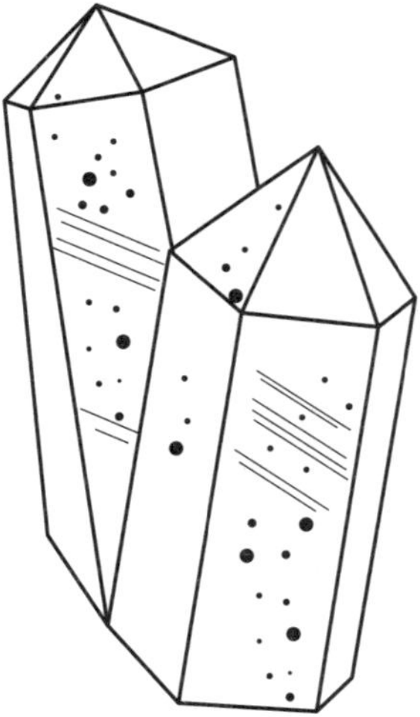

LA PIERRE DE SOLEIL T'INVITE À VOIR LES CHOSES DE FAÇON PLUS OPTIMISTE. ELLE T'ANNONCE UN ÉVÉNEMENT QUI T'APPORTE POSITIVITÉ ET JOIE DE VIVRE.

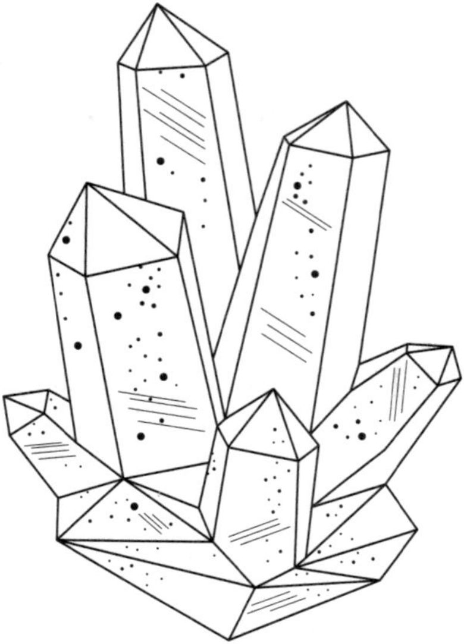

LE JASPE KAMBABA T'AIDE À TE RECENTRER SUR TOI. IL T'INVITE À T'ACCEPTER PLEINEMENT ET À PERCEVOIR TA LUMIÈRE INTÉRIEURE.

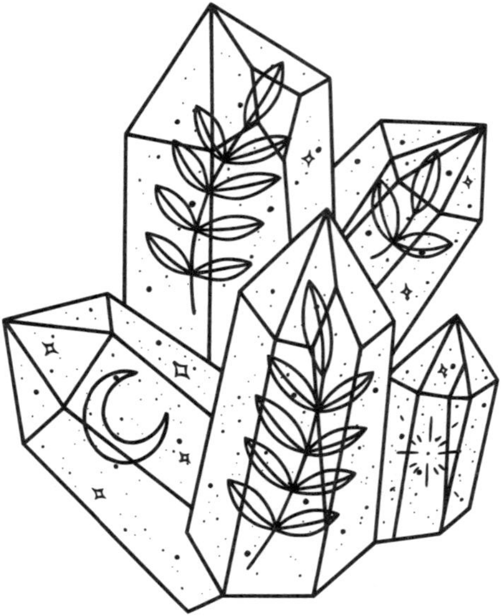

L'ŒIL-DE-FAUCON T'AIDE À LIBÉRER TON ESPRIT ET À Y VOIR PLUS CLAIR DANS CERTAINES SITUATIONS.
IL TE PERMET DE DÉVELOPPER TON INTUITION ET TES CAPACITÉS DE CLAIRVOYANCE.

LA SÉLÉNITE T'INVITE À ÊTRE À L'ÉCOUTE DE TON INTUITION ET À FAIRE CONFIANCE AUX SIGNES QUE L'UNIVERS T'ENVOIE. TA SPIRITUALITÉ VA PRENDRE DAVANTAGE D'IMPORTANCE DANS TA VIE.

LE LAPIS-LAZULI
T'AIDE À EXPRIMER
TES SENTIMENTS
ET TES ÉMOTIONS.
OSE FAIRE
ENTENDRE TA VOIX,
N'AIE PAS PEUR
DE DIRE CE QUE
TU RESSENS.

LA PIERRE DE LUNE T'INVITE À TE CONNECTER DAVANTAGE À TA PARTIE FÉMININE. PENSE À ÊTRE DANS LA DOUCEUR, LA TENDRESSE ET LE RÉCONFORT POUR TOI ET LES AUTRES. TU ES EN SÉCURITÉ.

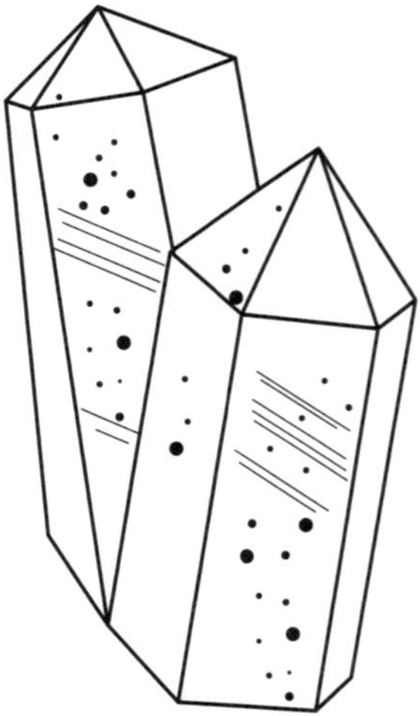

LA PRÉHNITE T'INCITE À CALMER TON MENTAL EN TE CONNECTANT À L'INSTANT PRÉSENT.

LE JASPE ROUGE T'AIDE À LANCER OU À CONCRÉTISER UN PROJET IMPORTANT POUR TOI. IL T'APPORTE LA CONFIANCE ET LA MOTIVATION NÉCESSAIRES AFIN DE VOIR TES DÉSIRS SE MATÉRIALISER.

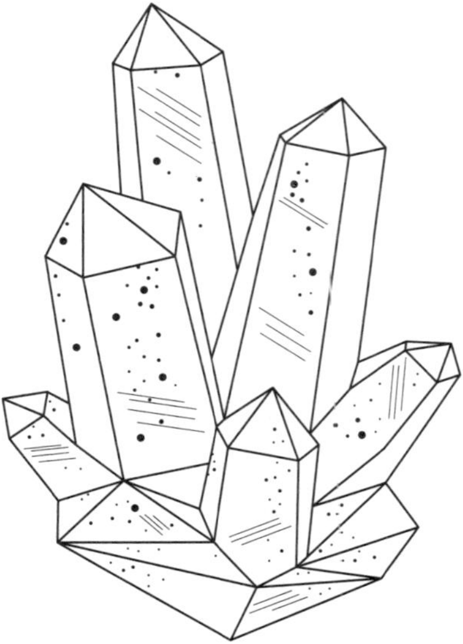

LE GRENAT T'INVITE À FAIRE PREUVE DE FORCE ET DE COURAGE POUR TENIR BON FACE AUX ÉVÉNEMENTS. IL T'APPORTE TOUT SON SOUTIEN POUR QUE TU PUISSES PERSÉVÉRER ET ATTEINDRE TES OBJECTIFS.

L'ARAGONITE ANNONCE UNE PÉRIODE DE GRANDS CHANGEMENTS. ELLE T'APPORTE TOUT SON SOUTIEN LORSQUE TU TE SENS DÉBORDÉ ET BOULEVERSÉ PAR LES ÉVÉNEMENTS.

Dans la même collection

Magic Answers Book, 2021.

Love Answers Book, 2021.

Angels Answers Book, 2022.

Money Answers Book, 2022.

Magic Numbers Answers Book, 2022.

Animal Totem Answers Book, 2022.

Sexy Answers Book, 2023.

Êtres élémentaux Answers Book, 2023.

Wild Moon Answers Book by Wild Amanda, 2023.

Answers Book pour se connecter à ses dieux et déesses by Sarah A. L., 2024.

Answers Book pour communiquer avec les défunts by Isabelle Cerf, 2024.

Answers Book Tattoo by Sandytatoo.2.0, 2024.

Answers Book pour recevoir les messages de ses guides by L'Atelier des Sœurcières, 2025.

Answers Book de la Fille de l'étoile, 2025.

Achevé d'imprimer en février 2025
sur les presses de la Nouvelle Imprimerie Laballery
58500 Clamecy
Dépôt légal : février 2025
Numéro d'impression : 501645

Imprimé en France

La Nouvelle Imprimerie Laballery est titulaire de la marque Imprim'Vert®

Composition : Soft Office